AUGUSTO
BRANCO

vida

Já perdoei erros quase imperdoáveis

V&R
EDITORAS

Direção editorial: María Nazareth Alves
Direção de arte: Paula Fernández
Editora: Flavia Lago
Assistente editorial: Natália Chagas Máximo
Texto: Augusto Branco
Design e diagramação: Maria Bárbara Martins

www.vreditoras.com.br

Rua Capital Federal, 263 – CEP 01259-010
Bairro Sumaré – São Paulo – SP – Tel./Fax: (55 11) 4612-2866
editoras@vreditoras.com.br

ISBN 978-85-7683-325-3

Impresso no Uruguai • Printed in Uruguay

Dados Internacionais de Catalogação na Publicação (CIP)
(Câmara Brasileira do Livro, SP, Brasil)

Branco, Augusto
Vida / Augusto Branco. – São Paulo, SP : Vergara & Riba Editoras, 2011.

ISBN 978-85-7683-325-3

1. Poesia brasileira I. Título.

11-06687 CDD-869.91

Índice para catálogo sistemático:
1. Poesia : Literatura brasileira 869.91

Introdução

Todos nós temos momentos em que sentimos emoções inexplicáveis, de desilusão, mágoa, amor ou felicidade. Nosso estado de espírito fica confuso e desorientado, e nessas horas precisamos de uma luz para nos inspirar e motivar.

E essa luz está em *Vida*. O emocionante poema que já percorreu o mundo e iluminou o espírito de milhões de pessoas encontrará de imediato um lugar em seu coração. Seus versos tocantes, ilustrados por fotografias inspiradoras nos ajudam a reencontrar nossos sonhos e a felicidade mesmo nos dias mais tristes ou nos momentos mais complicados.

Por isso, viva e partilhe **Vida**!

Já

perdoei

erros quase imperdoáveis,

tentei

substituir

pessoas insubstituíveis

e esquecer
pessoas inesquecíveis.

Já fiz
coisas por
impulso,

já me **decepcionei**
com pessoas que eu **nunca**
pensei que iriam me decepcionar,

mas também já
decepcionei
alguém.

Já
abracei
para proteger,

já dei

risada

quando não podia,

fiz
amigos
eternos,

e amigos que eu

nunca

mais vi.

Amei

e fui amado,

mas também já fui

rejeitado,

fui amado e

não amei.

Já **gritei**
e pulei de tanta
felicidade,

já vivi de amor e fiz

juras

eternas,

e **quebrei**
a cara muitas vezes!

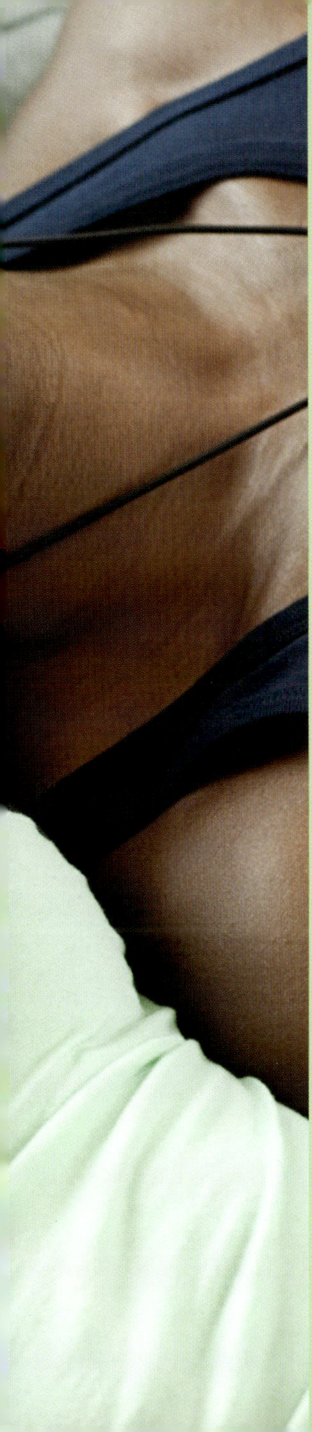

Já **chorei**
ouvindo música
e vendo fotos,

já liguei
só para escutar
uma voz,

me apaixonei
por um sorriso,

já pensei que fosse

morrer

de tanta **saudade**

e tive

medo de perder

alguém **especial**

e acabei

(perdendo).

Mas **vivi!**

E ainda vivo!

Não passo pela vida.

E **você** também
não deveria passar!

Viva!

Bom mesmo é ir à **luta**
com determinação,

abraçar
a vida com
paixão,

perder com classe

e vencer com
ousadia,

porque o mundo
pertence
a quem se **atreve**

e a **vida** é

muito

para ser insignificante.

Sobre o autor

Augusto Branco nasceu na cidade de Porto Velho, no coração da Amazônia, fruto da união de dois ribeirinhos que, um dia, tentaram a sorte na cidade: Rosa e Raymundo.

Escreveu seus primeiros poemas aos 7 ou 8 anos de idade, pouco antes de começar a ajudar na loja de ferragens do pai. Frequentou cursos de Administração e Pedagogia, porém decidiu não concluir nenhuma faculdade.

Com uma vida repleta de mudanças e obstáculos inesperados, aos quais se soma uma tragédia familiar, Augusto nunca despiu a pele de escritor, encontrando tempo para criar, quase todos os dias, novos poemas, aforismos e textos motivadores.

Augusto Branco apresenta-se sempre como um homem entre tantos outros, "apenas um cara no caminho", nas suas palavras. Uma expressão coerente com sua produção literária: seus textos mergulham no coração das pessoas e evidenciam os mais belos paradoxos que acompanham sentimentos comuns a todos nós, como o amor, a felicidade e o bem-estar.

Sua opinião é muito importante!

Mande um e-mail para **opiniao@vreditoras.com.br**
com o título deste livro no campo "assunto".